RÉFLEXIONS

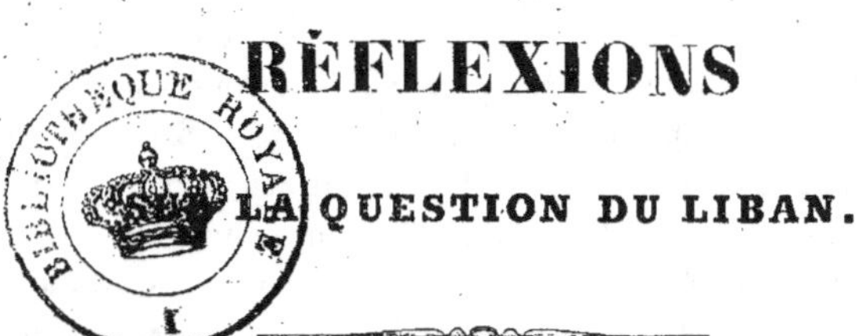

SUR LA QUESTION DU LIBAN.

Bien que la question du Liban ait été maintes fois portée à la tribune, nous avons lieu de croire qu'elle n'est pas encore suffisamment connue, puisque nous voyons des hommes graves, des agents du gouvernement, des missionnaires français, M. le ministre lui-même dont les bonnes intentions nous paraissent hors de doute, soutenir que la discussion est inopportune, qu'elle pourrait nuire aux chrétiens, entraver des mesures qui peuvent leur être favorables, la destruction du pouvoir féodal des Druses. La longue inaction dans laquelle le pouvoir est resté dans une question aussi grave, prouve surabondamment que la France n'a qu'une connaissance imparfaite des immenses intérêts qui y sont engagés.

On nous permettra donc de l'examiner à notre tour, avec l'attention la plus scrupuleuse, car, nous en avons la conviction, dès que la France connaîtra bien ce dont il s'agit les chrétiens du Liban seront sauvés.

Il est bon de faire remarquer d'abord, que, de tous les agents européens établis en Orient, les agents français sont les plus mal placés pour savoir ce qui se passe, et qu'ils n'en apprennent jamais que ce qu'il est impossible de leur cacher. Voici la cause de cette situation exceptionnelle; la France a été jusqu'à présent la seule des puissances intervenantes qui voulût avec sincérité, et dans la plus complète acception du mot , *l'intégrité de l'Empire ottoman*. Or, par le seul fait de cette volonté sincère, elle se trouve nécessairement en opposition directe avec les désirs secrets de toutes les autres puissances , et par conséquent la haute surveillance des autres cours enveloppe de toutes parts ses agents , et emploie tous les moyens pour que la vérité ne leur parvienne pas, parce que la vérité dévoilerait des intrigues auxquelles la France ne peut vouloir prêter la main.

En second lieu, la France est en possession d'un droit de protection séculaire sur les nations catholiques de l'Orient; elle veut maintenir son droit, ce qui n'est que justice; elle sait en outre que l'Empire ottoman ne peut espérer la prolongation de son existence dès longtemps compromise, que par le maintien de ce qui est, de ce qui existe depuis des siècles, par le *statu quo*, enfin. Elle ne peut donc se prêter de bonne grâce aux rêveries centralisatrices qui passent aujourd'hui par la cervelle du gouvernement turc. Tout en rendant justice aux bonnes intentions du Grand-Visir Reschid pacha, qui du reste ne fait que marcher sur les traces de Halet-Effendi et du sultan Mahmoud, elle ne peut s'empêcher de voir que cette unité administrative, cette *unité musulmane*, dont la Porte caresse l'idée, n'est en définitive qu'un songe impossible à réaliser, un piége tendu par les ennemis de l'empire à l'orgueilleuse crédulité de son gouvernement; avec une capitale jetée à l'extrémité d'un territoire immense et sans homogénéïté possible, la centralisation absolue est un élément de destruction.

De cet état de choses ressort ce résultat bizarre que, par la seule raison que la France veut sincèrement l'intégrité et le maintien de l'Empire ottoman , qu'elle ne veut point flatter des caprices qui le perdent, son gouvernement la traite en ennemie et cherche à lui dérober la connaissance de toutes ses démarches.

Ainsi, les agents de la France en Orient, se trouvent enveloppés de la part de la Porte, et de la part des puissances, d'un quintuple réseau d'agents invisibles qui n'ont d'autre soin que d'empêcher la vérité de parvenir jusqu'à eux. C'est à peine si les simples voyageurs français, en Orient, peuvent se soustraire à cette perpétuelle surveillance; et il faut des circonstances toutes particulières, pour qu'ils puissent pénétrer les mystères d'iniquité que le agents de la Porte cachent sous leur apparente bonhomie (1).

Il résulte de ce que nous venons de signaler à l'attention publique, que nos agents en Orient peuvent, avec la meilleure foi du monde, induire en erreur le gouvernement, amoindrir à ses yeux la gravité des faits, le rassurer sur leurs conséquences et donner aux actes du gouvernement turc une couleur toute différente de leur couleur véritable. Peut-être qu'avec un peu moins de confiance dans leurs propres lumières, et un peu plus d'énergie, de vigilance et de fermeté, ils parviendraient à se mettre au fait de la question qui nous occupe. Mais, pour cela, il faudrait qu'ils se montrassent franchement, ouvertement, en toute circonstance, ce qu'ils doivent être, c'est-à-dire les amis et les défenseurs des chrétiens opprimés; car, alors, ils auraient leur confiance tout entière, et sauraient par eux ce que tous les autres ont intérêt à leur cacher. Mais, dans la situation équivoque faite à la France depuis 1840, il est impossible que cette confiance existe.

Parmi nos agents, il s'en trouve qui, par une confusion déplorable, croient devoir appliquer au Liban la politique qui leur réussit souvent à Constantinople. La position est cependant entièrement différente.

A Constantinople plusieurs de nos agents sont turcophiles, et, en supposant que l'idée fondamentale de la politique française, en Orient, soit juste, *le maintien de l'Empire ottoman*, ils ont raison parce qu'à Constantinople il faut créer la force, afin de

---

(1) En envoyant dans le Liban des agents pour contrôler les rapports des consuls, M. le ministre des affaires étrangères a fait une chose excellente, mais il est à craindre que la publicité qu'il a lui-même donnée à cette mesure n'en annule en grande partie l'effet.

s'opposer aux envahissements progressifs de la Russie. Mais au Liban, où ce n'est point à la Russie qu'il faut s'opposer, où il existe une nationalité catholique, forte et vivace, au sein de laquelle la France trouve les plus vives sympathies, dont l'existence garantit cette partie de l'empire contre l'invasion étrangère, il est au moins étrange qu'il puisse venir la pensée à des Français que lorsque cette force sera détruite, que cette nationalité sera anéantie, que les hommes libres qui la composent seront devenus sujets de la Porte, que l'autorité directe de la Turquie, autorité aussi molle que possible, sera établie sur les ruines de ces contrées naguère florissantes, l'empire ottoman en sera plus fort. Cela ne se comprend pas, et nous ne pouvons imaginer par quelle étrange hallucination l'amour de l'intégrité de l'empire ottoman peut aller jusque-là.

La centralisation absolue rêvée par la Porte, n'est possible qu'à condition que les mœurs, les religions, les races, se soient identifiées pour former un tout homogène, et qu'en outre le pouvoir central soit assez fort pour tout réunir entre ses mains ; jusque-là il faut s'en tenir à la féodalité. Or l'empire ottoman est tellement en dehors de toutes ces conditions normales, que vouloir y établir une forme de gouvernement, que peuvent à peine supporter les nations les plus civilisées, c'est sans contredit vouloir sa destruction et sa perte, c'est mettre en péril non seulement son intégrité, mais encore son existence. La centralisation absolue, la destruction de toute féodalité dans l'empire, est cependant depuis trente ans l'idée favorite du gouvernement turc ; mais s'il est assez peu éclairé pour persister dans cette insigne folie, le devoir de la France, qui ne veut pas sa chute, est de l'arrêter sur les bords du précipice, où il se jette tête baissée, et de le contraindre à ouvrir les yeux sur sa situation véritable. Il ne sagit point de se faire illusion ; le fameux principe qui a toujours dirigé la conduite du sultan Mahmoud, l'*unité administrative* dans l'UNITÉ MUSULMANE, est tout simplement une absurdité. Les Turcs ne sont pas plus régénérés que par le passé ; la poudre, la vapeur et le frac ne font pas

l'homme civilisé; on n'a pas réformé les Turcs, on les a badi-
geonnés... et voilà tout.

Tout ce que nous venons de dire se résume en trois mots, la
Porte veut *remplacer par tout l'empire la féodalité par le
pouvoir direct*; les puissances qui veulent en secret sa ruine la
soutiennent dans cette voie funeste; et toutes se réunissent pour
tromper la France qui veut *réellement* le maintien de l'empire
ottoman.

En ce qui touche la question d'opportunité qu'on ne cesse de
nous opposer, nous nous permettrons de dire que lorsqu'il s'agit
d'une nation que l'on opprime, d'un peuple que l'on réduit en
servitude et qui meurt sous le bâton, la seule chose inopportune, c'est l'inaction et le retard. L'on nous dit sans cesse que
si l'on tarde à s'occuper des chrétiens, c'est dans leur propre
intérêt; et pourtant, il n'est pas une seule de leurs lettres qui
ne dise que le moindre retard peut entraîner pour eux les conséquences les plus funestes; l'on nous parle d'une transformation
avantageuse aux chrétiens qu'un acte quelconque de l'Europe
pourrait entraver; ils ne connaissent qu'une seule transformation qui puisse les sauver, qu'une seule qui soit efficace, une
seule qui soit juste, c'est le rétablissement d'*une autorité uni-
que, chrétienne, héréditaire* à la tête de la principauté du
Liban, et ils protestent d'une voix unanime que *tant que les
choses ne seront pas remises au même et semblable état qu'au-
paravant, la paix et la tranquillité du Liban sont impossi-
bles*; il nous semble qu'ils ont quelques raisons d'être meilleurs
juges de leurs propres intérêts que nous qui vivons sur un sol
libre à mille lieues de leur patrie, dont les infidèles ont fait une
vaste solitude, une terre d'esclavage et de mort.

Il résulte de ce que nous venons de dire que non-seulement il est
opportun, mais encore il est URGENT de venir le plutôt possible
au secours des chrétiens du Liban, en obtenant de la Turquie
qu'elle rétablisse les choses au même et semblable état qu'avant
1840. Si nous attendons le rapport des agents que le ministère
a envoyés, par un mouvement dont nous apprécions toute la

bienveillance, *deux mois au moins* seront écoulés, *les chambres ne seront plus réunies*, il faudra attendre *jusqu'à l'année prochaine* et la perte des chrétiens sera définitivement assurée.

Dailleurs, que pourront nous apprendre ces rapports? que les chrétiens ont exagéré leurs maux? qu'ils n'ont dit que ce qui est? ou bien qu'ils sont restés au-dessous de la vérité?... Que nous diront-ils encore, que la Turquie prend des mesures plus ou moins bonnes pour écraser les Druses après avoir par eux écrasé les chrétiens, et pour dépouiller à son profit ceux qui ont dépouillé les autres... que la Turquie fait actuellement de l'opposition aux Druses et que le Diwan s'occupe à répartir l'impôt d'une manière plus équitable; qu'il n'y a plus de massacres publics, et que quelques malheureux chrétiens, pour ne pas périr de faim dans les déserts, sont furtivement rentrés dans leurs villages... Que nous importent toutes ces choses? *là n'est point la question du Liban.* Ne savons-nous pas que la volonté positive de la Porte est de soumettre les chrétiens *à sa domination directe;* qu'elle a détruit la constitution qui garantissait leur indépendance et qu'elle veut maintenir cette destruction, *contrairement à tout droit et à toute justice;* que par tous nos traités nous sommes investis SEULS *du droit de protection sur toutes les nations catholiques de l'Orient;* que nous avons maintes fois accordé *des lettres de protection spéciale* aux chrétiens du Liban; que par conséquent, en détruisant un ordre de choses *garanti par la France*, la Turquie a *violé tous ses engagements envers nous;* et que nous avons *droit absolu*, incontestable d'*exiger* qu'elle rétablisse les choses *dans l'état où elles se trouvaient avant* 1840. C'est cela, et cela seul que nous avons à demander, *ni plus, ni moins*, parce que c'est cela que nous avons DROIT d'exiger, *ni plus, ni moins.*

Nous savons que l'Emir de la grande principauté du Liban est illégalement retenu prisonnier à Brousse; nous savons que la montagne est gouvernée par deux Kaïmacams ou lieutenants du pacha de Saïda, c'est-à-dire que l'autorité directe de la Porte a remplacé l'antique constitution des chrétiens; nous savons que ces chrétiens réclament incessamment contre cet état de choses, qu'ils ont envoyé à Paris *un délégué pour nous sommer de notre parole* et réclamer notre protection pour le redressement de leursgriefs ; nous savons que nos droits séculaires ont été violés par la Turquie ; qu'avons-nous besoin de savoir autre chose pour exiger de la Turquie pleine, entière, immédiate réparation ?

Après la question d'opportunité, se présente la question d'intérêt ; il ne nous semble pas qu'il soit fort difficile de démontrer que la France a un intérêt immense, actuel, palpable à ce que la question du Liban soit promptement résolue conformément au vœu des chrétiens.

Nous ne parlerons pas de l'intérêt d'honneur qui nous engage à faire rendre justice à ceux que nous protégeons depuis tant de siècles et sur lesquels *notre nom*, l'amour qu'ils nous portent ont attiré la destruction et la ruine ; quoi qu'on en dise, la France a encore assez de cœur pour sentir les blessures faites à sa gloire, assez de force pour les venger.

Nous ne parlerons point de l'intérêt d'humanité qui l'engage à ne point laisser périr une nation tout entière ; la France ne serait plus digne de son nom si son cœur ne ressentait plus ni indignation ni pitié au récit des maux affreux que ces peuples chrétiens souffrent *pour elle*.

Nous nous bornerons à envisager la question du Liban sous le point de vue des intérêts matériels de la France ; et, nous ne craignons pas de le dire, sous ce point de vue comme sous les autres, la question du Liban est pour nous une question NATIONALE, *urgente*.

Il ne faut pas se faire d'illusions, tout ce qui s'est fait depuis sept ans dans le Liban, tout ce qui se fait aujourd'hui, est dirigé contre la France. De tout cet Orient soumis naguère encore à notre influence exclusive, il ne nous reste plus aujourd'hui que deux points ; il s'agit de nous en chasser ; c'est-à-dire de perdre notre avenir *politique maritime et commercial dans le bassin de la Méditerranée*. En Grèce, une lutte indéfinie est engagée, et nous soutenons notre influence avec une certaine énergie ; au

Liban, au contraire, la question mal comprise dès le principe et par suite mal engagée, nous a conduit à des conséquences désastreuses, au milieu desquelles elle se trouve gravement compromise. Une autre influence a voulu à Deïr-el-Kamar comme à Athènes se substituer à la nôtre et, n'y pouvant réussir, elle a excité la Turquie à renverser ce qui existait, afin de détruire au moins ce qu'elle ne pouvait conquérir. La Turquie seule est responsable de ses actes et si elle a prêté l'oreille à de mauvais conseils, c'est à elle d'en subir les conséquences.

Nous l'avons dit plus haut, et nous ne craignons point de le répéter, par cela seul que nous voulons d'une manière absolue et sincère l'intégrité de l'empire ottoman et le maintien de notre influence et de nos droits, nous nous trouvons en opposition nécessaire avec tous les intérêts contrariés par cette double prétention. Il n'est pas d'homme politique digne de ce nom qui ne sache que la communauté d'intérêts est la base la plus solide et la plus durable des alliances entre les nations. Or, dans toutes les questions orientales, les quatre grandes puissances ont un intérêt commun qui les unit contre nous, quelles que soient du reste leurs prétentions particulières. Cet intérêt commun, *c'est la destruction de ce qui nous reste d'influence en Orient*, parce que ce peu d'influence gêne leurs mouvements et les empêche d'agir en liberté dans leur but particulier et propre. Quand même elles ne nous accorderaient que la simple importance d'un sergent de ville, la vue de notre chapeau à deux cornes les gêne et les importune : toutes ont donc le même intérêt à nous éconduire.

L'on sait ce que veulent la Russie, l'Autriche et la Prusse ; pense-t-on que l'Angleterre, que la nécessité force à vouloir être l'atelier, le comptoir et le roulage du monde, ait de moindres motifs que les autres pour chercher à détruire notre influence en Orient, à nous qui lui faisons concurrence politique et commerciale ? Quand les motifs qui unissent les trois autres puissances contre nous, c'est-à-dire notre volonté absolue de maintenir l'intégrité de l'empire ottoman, auraient cessé, les raisons qu'à l'Angleterre de nous expulser du bassin de la Méditerranée n'en subsisteraient pas moins.

La similitude ou la dissemblance de constitutions entre les nations n'est rien en matière d'alliance , et les peuples ne peuvent avoir égard qu'à une seule chose, la communauté de leurs intérêts. Or, il est une chose qui nous semble d'une telle évidence, qu'il suffit de l'énoncer pour la démontrer , c'est que non-seulement l'Angleterre et la France n'ont aujourd'hui et n'ont eu jamais à aucune époque des intérêts communs, mais encore qu'elles ont eu de tout temps et qu'elles ont encore aujourd'hui des intérêts diamétralement opposés. Comment veut-on que dans la question orientale, spécialement, où l'Angleterre *a besoin* de notre exclusion de la Méditerranée, elle puisse être sincèrement avec nous ? Elle le voudrait, qu'elle ne le pourrait pas ; ses intérêts parleraient plus haut que sa volonté. Depuis notre expédition d'Egypte, le seul but de sa politique orientale est de se créer des débouchés commerciaux dans la mer du Centre, c'est de s'emparer de cette mer pour l'exploiter à son profit exclusif; c'est pour cela qu'elle s'est emparée successivement de Malte et de Corfou ; c'est pour cela qu'elle s'est ancrée à Constantinople sur les ruines de notre influence ; c'est pour cela que , pendant huit années qu'a durée la guerre de Syrie, elle nous a sans cesse fait jouer le rôle de plastron pour empêcher la Russie de se servir du traité d'Unkiar-Skélessi pour acquérir des ports sur la mer du Centre et gêner son propre commerce dans la mer Noire ; c'est pour cela qu'elle s'est opposée sous-main à tous les efforts que la France tentait pour arriver à une solution pacifique entre le sultan et son puissant vassal , car ce vassal, elle voulait aussi le détruire, afin de remettre l'Egypte sous l'*autorité directe de la Porte*, et obtenir de sa faiblesse ce qu'elle n'avait pu arracher à Méhémet-Ali , *le monopole du transit de l'isthme Soueys;* c'est pour cela encore qu'elle a aidé de tout son pouvoir la Porte ottomane à détruire l'antique constitution des chrétiens du Liban et à les ranger *sous l'autorité directe d'un pacha,* parce qu'au moment où elle a commencé cette affaire, elle voulait joindre l'Euphrate à l'Oronte, et se créer un passage du golfe Persique à la mer du Centre : parce que le Liban était le dernier

**

refuge de l'influence française en Orient, et qu'il fallait remplacer le pouvoir énergique de la Montagne par une autorité faible et débile qui livrât la Syrie tout entière à sa discrétion; c'est pour cela qu'elle remplit la Grèce du bruit de ses intrigues et que ses agents y sont en lutte ouverte avec les nôtres.... Sur quelles bases peut donc reposer une alliance entre l'Angleterre et la France? La France peut-elle donner satisfaction à toutes les exigeances de l'ambition anglaise, lorsque ces mêmes exigeances assurent sa propre perte, *la ruine de sa marine, de son commerce, de sa production et de son industrie*, et SA COMPLÈTE EXCLUSION DE LA MER DU CENTRE?...

Il est certain que si les autres puissances avaient des intérêts identiques à ceux de l'Angleterre, la France se trouverait nécessairement dans une position tellement périlleuse, qu'il n'y aurait plus de salut pour elle que dans une de ces grandes luttes dont la république nous a donné l'exemple, et qui décident du sort des empires. Mais sauf le point commun qui les unit contre nous, l'intégrité de l'empire ottoman, ces mêmes intérêts les rapprochent forcément de nous en les éloignant de l'Angleterre. Elles sont aussi intéressées que nous à s'opposer à l'invasion anglaise dans le bassin de la Méditerranée, car, comme nous elles ont un commerce, des industries, une marine à protéger et à développer; et elles savent fort bien que l'Angleterre fera tout ce qu'elle pourra pour les détruire. Entre la Russie et l'Angleterre surtout, l'antagonisme est flagrant; il se manifeste sur tous les points et dans toutes les questions; et il est hors de doute qu'une fois l'influence française détruite, ces deux puissances se trouveraient en présence, prêtes à vider sur les ruines de l'empire ottoman la querelle qui gronde sourdement depuis plus d'un siècle.

A qui donc profite en ce moment le principe de l'intégrité de l'empire ottoman? N'est-ce pas à l'Angleterre et à l'Angleterre seule, qui par ce moyen jette la France en travers de la voie où veut courir la Russie, et protége ainsi, à nos frais, ses possessions indiennes et son invasion dans la Méditerranée. Du jour où la France croira devoir faire le sacrifice d'un principe suranné, désormais impossible à défendre, et dont les résultats sont pour elle l'isolement de fait, la faiblesse et la honte, UNE SEULE puissance aura intérêt à son exclūsion et à la ruine de son influence ; et cette puissance ce sera l'ANGLETERRE !

Or, dans la question spéciale qui nous occupe, quelle est encore la puissance que nous avons en tête, n'est-ce pas toujours l'Angleterre ? Qui a intérêt à la destruction des populations catholiques du Liban ? L'Angleterre ! et pourquoi ? Parce que l'Angleterre veut prendre pied en Syrie et en Egypte, afin de pouvoir, en passant directement des Indes à la Méditerranée, s'emparer de tout le commerce de cette mer, et par la même occasion couvrir ses possessions indiennes. L'île de Chypre lui semble aussi un point commercial très-convenable, et dès longtemps elle le convoite. Or, quand la Syrie sera définitivement placée sous l'autorité directe et débile de la Porte, quoi de plus facile pour elle que de mettre son projet à exécution ? Et quand cela sera fait, que nous restera-t-il ? La Grèce ! et combien nous restera-t-elle de temps ? Cela dépend d'une émeute et d'un changement de ministère.

Il nous semble donc que cette question du Liban n'est pas pour nous d'un si mince intérêt, puisqu'il s'agit purement et simplement de NOTRE EXCLUSION DE LA MÉDITERRANÉE et DE LA RUINE DE NOTRE COMMERCE ET DE NOTRE MARINE. Mais si cette question nous intéresse à un haut dégré, elle n'intéresse pas moins la Turquie dont l'orgueil se laisse aveugler par de trompeuses promesses. Tant que l'Angleterre n'a pas obtenu l'objet de ses vœux, en Egypte et en Syrie, son intérêt la porte à faire la cour au gouvernement turc, à l'appuyer et à le soutenir de tout son pouvoir, à maintenir *son intégrité* par tous les moyens possibles ; mais, dès qu'elle aura obtenu ce qu'elle désire, qu'elle sera, *grâce au gouvernement direct*, établie d'une manière solide en Egypte et en Syrie, qu'elle traversera par une double voie la pointe asiatique, qu'elle inondera l'Europe entière de ses produits et de ses marchandises des Indes ; que lui importeront alors l'intégrité et le maintien de l'empire ottoman ? Sans hésitation comme sans remords, elle pourra sacrifier aux ambitions de ses rivales une vieille carcasse d'empire désormais inutile entre leurs mains, et l'EMPIRE OTTOMAN N'EXISTERA PLUS.

Voilà, en quelques mots, les conséquences inévitables de la destruction de la grande principauté du Liban, de l'établissement de l'autorité directe de la Porte dans la montagne. C'est pourquoi, cette question qui est pour nous une question d'humanité, d'honneur, de tradition, est aussi une question d'INTÉRÊT NATIONAL ; c'est pourquoi *nous devons exiger* de la Turquie, pour son propre intérêt comme pour le nôtre, *que les choses soient rétablies au même état qu'avant 1840.* Ni plus, Ni moins.

R. M.

9 782019 319991